*In Liebe
für meine Schwester*

S. M.

15. Auflage 2007
© Edition Bücherbär im Arena Verlag GmbH, Würzburg 2001
Alle Rechte vorbehalten
Gesamtherstellung: Westermann Druck Zwickau GmbH
ISBN 978-3-401-08060-4

www.arena-verlag.de

Greta Carolat/Susanne Mais

Aufräumen?
Mach ich morgen!

»Schaut mal«, sagt Bianca Wiesel und pustet eine kleine Feder in die Luft.
»Wo kommt die her?«, fragt Didi Dachs.
»Aus meinem Kopfkissen«, sagt Monti Maulwurf.
»Gib mir mal das Kissen«, sagt Didi.
»Nein, da muss ich drauf sitzen, sonst pikse ich mir die Legosteine in den Po«, schimpft Bianca.
»Schieb doch die Legosteine auf einen Haufen«, brummt Didi. »Geht nicht«, sagt Monti, »wir wollen doch noch das Puzzle zu Ende machen.«

Zum Sitzen ist wirklich wenig Platz.
Den Teppich in Montis Kinderzimmer brauchen
sie für Montis großes Bodenpuzzle.
Das hat er gerade zum Geburtstag
bekommen.
Das Puzzle wird nicht fertig, weil sie
noch toben müssen.

Als Didi und Bianca nach Hause gegangen sind, sagt Mama Maulwurf:
»Kleiner Maulwurf, du bist schon ziemlich groß. Von heute an räumst du deine Spielsachen selber auf. Ist ja auch nicht schwer.«
»Kein Problem«, sagt Monti, »liest du mir meine Gutenachtgeschichte vor?«
»Klar«, sagt Mama Maulwurf, »sobald du aufgeräumt hast.«
»Das mach ich morgen«, sagt Monti Maulwurf.

Am nächsten Tag kommen Didi Dachs und Bianca Wiesel zum Spielen.
Heute werden sie mit dem Bodenpuzzle fast fertig.
»Au!«, ruft Didi Dachs. »Wo bin ich denn reingetreten?!«
In das Bild, das beim Toben gestern von der Wand gefallen ist.
Gott sei Dank blutet Didi nur ein kleines bisschen und die anderen
schaufeln die Scherben in die Blumenvase.

»Hier liegt aber auch wirklich viel rum«, sagt Bianca.
»Tun wir doch einfach meine Bettdecke über alles und setzen uns dann gemütlich drauf«, schlägt Monti vor.
Sie spielen mit Montis kleinem Flugzeug. Und toben.
»Es schneit!«, kreischt Bianca plötzlich.
»Das sind die Federn aus dem Kopfkissen«, lacht Didi.

Als Didi und Bianca gegangen sind und Monti gerade wieder die Bettdecke auf sein Bett gelegt hat, kommt Mama Maulwurf ins Zimmer.

»Was ist mit Aufräumen?«, fragt sie.
»Das mach ich morgen«, sagt Monti Maulwurf.
Auf seinem Kissen schläft er nicht mehr
so weich.

Am nächsten Tag kommen Didi Dachs und Bianca Wiesel zum Spielen.
Heute bauen sie aus Legosteinen eine Ritterburg mit einem Haus,
in dem die verletzten Ritter gesund gepflegt werden.
»Ich brauche wieder dein Kissen, Monti«, sagt Bianca nach einer Weile,
»hier liegt so viel Kram auf dem Boden.«
»Nein, da gehen die Federn raus«, meint Monti.
»Dann setz ich mich auf dein Pferdchen«, seufzt Bianca.
»Und ich setz mich auf Rosanase«, sagt Didi.
Rosanase ist Montis Plüschmaulwurf.
»Nein, auf Rosanase darf sich niemand setzen!«, ruft Monti.

Didi und Monti zerren an Rosanase.
Rosanase fliegt aufs Bett.
»Krach!«, macht es – Montis Nachttischlampe ist runtergefallen.
Sie geht nicht mehr an.
Im Zimmer ist es jetzt dunkel.

»Macht nichts«, sagt Monti, »ich hab eine Taschenlampe in meinem Bett. Huch, was ist das da? Iiiiih, ich hab in etwas Nasses gefasst!«
»In was denn?«, fragen Didi und Bianca atemlos.
»Hm, es war nur mein Waschlappen«, sagt Monti verlegen.
Was knackst da? Ach, Montis Badeente. Da ist Didi draufgetreten.

»Was mir gerade einfällt«, flüstert Monti, »fasst nicht in die Blumenvase, da sind die Scherben von neulich drin.«
»Klar«, flüstert Bianca.
»Warum flüstert ihr?«, fragt Didi laut.
»Weil es dunkel ist«, flüstert Bianca wieder.
Ach so. Klar.
Als Didi und Bianca gegangen sind, schraubt Mama Maulwurf eine neue Birne in die Nachttischlampe.
Dann sagt sie: »Aufräumen, Monti!«
»Das mach ich morgen«, sagt Monti.

Am nächsten Tag kommen Didi und Bianca zum Spielen. Heute wollen sie endlich das Puzzle fertig machen. Aber es fehlen auf einmal fünf Puzzleteile.
»Die waren doch immer alle da«, jammert Monti und schaut auf die zertretene Schachtel. »Jetzt weiß ich nicht, was für ein Tier das in Afrika ist!«
»Sieht man doch sowieso, dass es ein Elefant wird«, sagt Didi.
»Nein, es könnte auch ein Nilpferd sein!«, ruft Monti.
»Oder ein Nashorn«, sagt Bianca, »wir müssen die Teile suchen.«
»Sie können nur hier im Zimmer sein«, sagt Monti.
Aber vier Teile sind nicht mehr da. Ein langweiliges Puzzleteil von einem Baum finden sie unter Montis Kommode. Dort liegt auch ein ekeliges, schmutziges Stück Schokolade. Das kommt auch in die Blumenvase.

Und was liegt noch unter Montis Kommode? Ein Flügel von Montis Flugzeug. Schade, Montis schönes Flugzeug.
»Das ist abgestürzt«, sagt Didi, »so was passiert mit Flugzeugen.«
»Leider«, sagt Bianca.
Monti sagt gar nichts, er ist traurig.

Als Didi und Bianca gegangen sind, kommt Mama Maulwurf
ins Kinderzimmer. Sie wirft einen Blick auf die Ente.
»Arme Ente«, sagt sie.
»Wieso?«, fragt der kleine Maulwurf verblüfft.
»Sieht gar nicht gut aus. Ist sie krank?«
»Wieso?«, fragt der kleine Maulwurf wieder.
»Hat eine Delle«, sagt Mama Maulwurf, »vielleicht muss sie
mal ausruhen. Hat sie einen Lieblingsschlafplatz?«
»Na, auf dem Brett überm Bett«, sagt Monti.
»Ach«, staunt Mama Maulwurf, »zeig mal.«
Monti springt auf, tut die Ente auf das Brett und deckt
sie mit seinem Waschlappen zu.
Und die Maulwurfmama liest ihm seine Gutenachtgeschichte vor.

Am nächsten Tag, nachdem Didi und Bianca gegangen sind und der kleine Maulwurf schon im Bett liegt, meint Mama Maulwurf:
»Das Pferdchen. Ist ein bisschen dünn geworden. Sieht hungrig aus.«
Monti Maulwurf lacht: »Aber das Pferdchen ist doch das dickste Spieltier, das ich hab!«
»Ach so«, sagt Mama Maulwurf und fängt an die Gutenachtgeschichte vorzulesen. Sie schaut auf das Pferdchen.
»Hm, wie wäre es eigentlich, wenn du tagelang nichts zu essen bekämst?«
»Was?!«, fragt Monti entsetzt.
Ja, heute nichts, gestern nichts und vorgestern nichts, tagelang nichts, überlegt Mama Maulwurf.

»Das Pferdchen hat doch seinen Stall, da frisst es«, sagt Monti.
»Und wo?«, erkundigt sich Mama Maulwurf.
»Na, ganz oben auf dem Brett überm Bett«, sagt Monti, »da steht doch seine Krippe.«
»Ach«, sagt Mama Maulwurf, »zeig mal.«
Der kleine Maulwurf springt aus dem Bett und stellt das Pferdchen in den Stall. Vor die Krippe.

»Ja, und Rosanase?«, fragt Mama Maulwurf.
»Wo ist Rosanase überhaupt?«
Rosanase ist nicht da.
Immer aufgeregter wühlt der kleine
Maulwurf überall herum, richtig
Angst hat er.

»Mama, hilf mir suchen«, sagt er, »Rosanase soll da sein, ohne Rosanase
kann ich nicht einschlafen. Ich will Rosanase wiederhaben!«
Sie finden Rosanase in Montis Bettüberzug. Und auch die vier
fehlenden Puzzleteile.
»Ich hatte Recht, es wird ein Nilpferd«, strahlt Monti.

Als Didi Dachs und Bianca Wiesel wieder kommen, staunen sie über das fertige Puzzle.
»Auf diesem Wasser da«, sagt Bianca und deutet auf das Puzzle, »soll die Ente schwimmen. Wo ist sie eigentlich, darf ich sie haben?«
»Da«, sagt Monti, »aber sie ist ein bisschen krank. Nachher bringst du sie gleich wieder ins Bett!«
»Klar«, sagt Bianca.

»Dann will ich das Pferd haben«, überlegt Didi laut, »das stell ich neben den Löwen« – er grinst –, »aber wenn der Löwe das Pferd anschleicht, läuft das Pferd weg. So.«
»Aber später stellst du es wieder in seinen Stall da oben aufs Brett überm Bett«, sagt Monti. »Nach der Sache mit dem Löwen braucht das Pferd Ruhe.«
»Darf ich das Pferd in seinen Stall bringen?« fragt Bianca.
»Nein, das will ich machen!«, ruft Didi.
»Dann will ich aber Rosanase ins Bett bringen – zu der Ente auf dem Brett«, sagt Bianca.
»Rosanase darf nur ich ins Bett bringen«, bestimmt Monti.

»Dann bring ich eben das Flugzeug zum Reparieren in seine Garage«, sagt Bianca und lässt das Flugzeug wackelig zu seiner Kiste auf dem Brett fliegen.
Monti und Didi schauen neidisch zu.
»Da ist ja kaum Platz hier zum Reparieren von Flugzeugen«, mault Bianca.

Als Didi und Bianca nach Hause gegangen sind, sagt Monti zu Mama Maulwurf: »Mama? Meine Sachen brauchen mehr Platz. Machst du mir noch ein Brett übers Bett?«
Mama Maulwurf lacht.
»Das mach ich morgen. Wirklich!«